독립하지 않아도
괜찮을까?

독립하지 않아도 괜찮을까?

어느 30대 캥거루족의
가족과 나 사이 길 찾기

구희 글·그림

구씨 집안을 소개합니다!
KOO'S FAMILY

구희 _ 첫째딸

#만화가 #혼자_놀기_달인 #환경덕후

구죠 _ 둘째딸

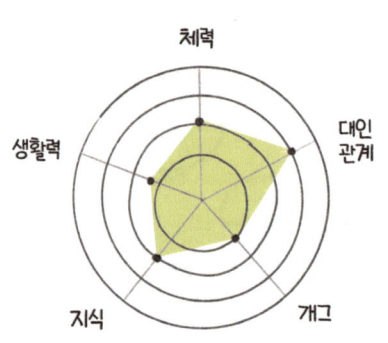

#직장인 #감자칩_킬러 #내향적

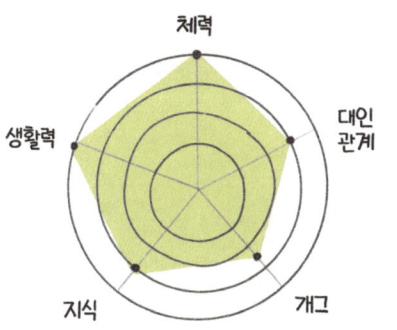

오마니

#주부 #엽기_예술가 #명랑함

아부지

#가장 #역사_오타쿠 #성실함 #똥촉

시작 할까?

프롤로그 **캥거루족의 등장**

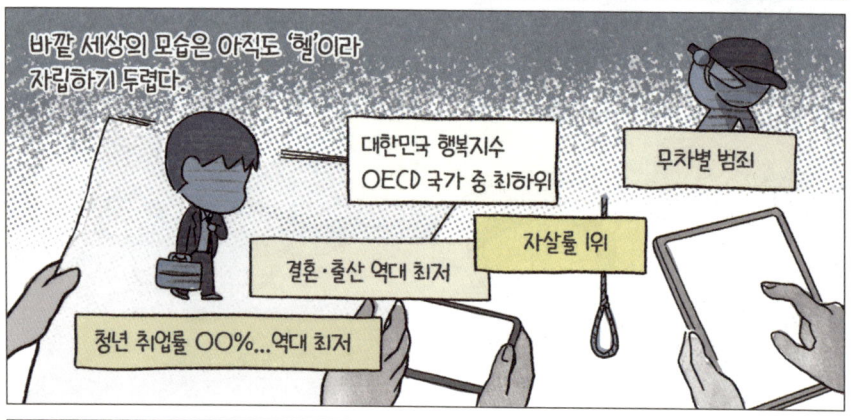

차례

프롤로그 캥거루족의 등장 ·6

1부
우리 집에는 다정이 흐른다

어느 보통의 풍경 ·18

인생은 전략적으로? ·25

아빠와 토마토 ·29

엄마는 예술가 ·33

분주한 사랑 ·37

우리는 도토리 자매 ·41

그저 각자의 속도로 ·44

막내의 숙명 ·50

평생 어리광 부리고 싶어 ·55

네버랜드에 찾아온 변화 ·61

2부
저절로 어른이 되는 줄 알았는데

안녕, 나의 아지트 ·70

아직 변하기 싫은걸 ·74

이불 밖은 위험해 ·78

독립, 그거 어떻게 하는 건데 ·82

김치 담글 줄 모르는 인간 ·86

집밥의 멸종 ·91

주부라는 경제 ·95

습관도 똑같네(1) ·102

습관도 똑같네(2) ·105

가족을 만들 수 있을까 ·110

'결혼할 나이' ·118

삶은 미션의 연속 ·122

마라탕 공동체 ·128

그럼에도 결심하는 마음 ·134

3부
삶은 흔들리며 나아간다

건강을 챙겨봐요 ·142

엄마가 집 비운 날 ·150

밥상만 독립 ·153

도시의 삶, 자연의 삶 ·158

쉬운 책임 ·162

기후위기 시대를 사는 법 ·165

내가 살고 싶은 집 ·168

나의 어린 시절(1) ·175

나의 어린 시절(2) ·179

온실 속 화초 ·183

나의 어른 사춘기 ·187

인생의 의미를 만드는 일 ·193

우리가 내일 죽는다면 ·199

나만의 섬을 찾아서 ·203

에필로그 나라는 조각보를 쥐고 ·210

1부   우리 집에는
다정이 흐른다

어느 보통의 풍경

인생은 전략적으로?

아빠와 토마토

엄마는 예술가

분주한 사랑

우리는 도토리 자매

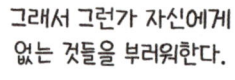

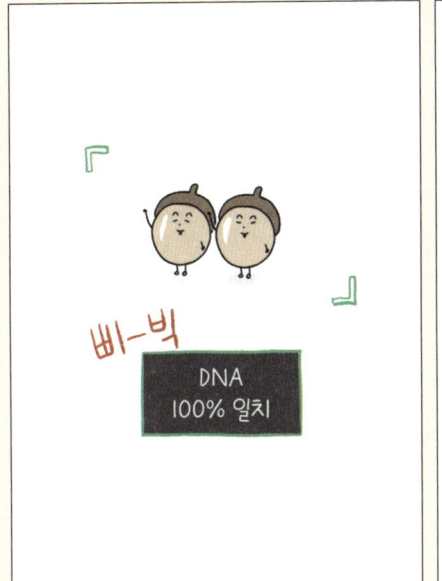

그저 각자의 속도로

어느 새 불안한 마음이 고개를 들었다.

끄아

소속 없음

으아아

K-장녀 체면

신경 쓰인다. 어쩔 수 없이.

엄마는 내가 안정적인 일 하길 바라진 않았어?

당연히 했지.

근데 어쩌겠어.

너 인생은 너 건데.

'너는 너답게' 살라고 냅두는 거지.

그깟 장녀가 뭐라고
불안을 느꼈던 걸까.

보내주자, 나의 옹졸한 자존심.

엄마가 지켜내준
'내'가 있잖아.

같은 지붕 아래서 자라
어쩌면 부모님보다 더 오래
함께할 너와 나.

너는 너답게, 나는 나답게.
각자의 속도대로 살면 되는 거야.

그치..? 동생아 ㅋㅋ

막내의 숙명

평생 어리광 부리고 싶어

근데 곰곰이 생각해보면

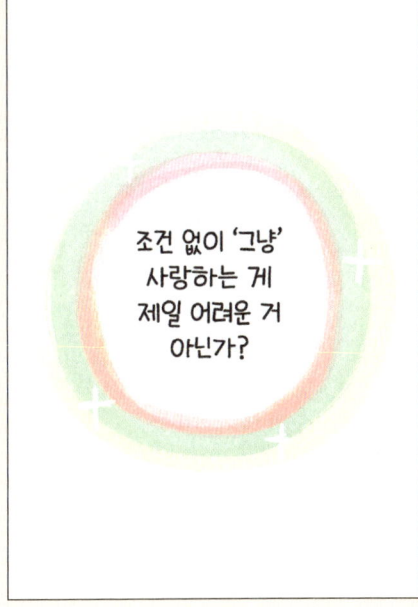

조건 없이 '그냥' 사랑하는 게 제일 어려운 거 아닌가?

내가 뭘 잘해서도 아니고

특출나서도 아니야.

내가 엄마의 애라서

'나'라서 사랑받고 있다.

이 얼마나 따뜻한 보호막인가!

한가하니? 니 빤스나 좀 개라.

끝없이 실적을 증명해야 하는 세상에서

유일하게 아직도 어리광 부릴 수 있는 이곳.

밥 먹었어?

응 두 그릇 ♥

네버랜드에 찾아온 변화

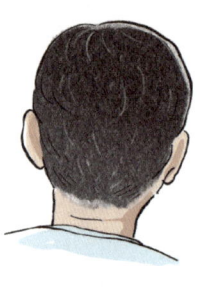

영원할 줄 알았던

네버랜드의 시간이 흘러간다.

변화가 다가온다.

2부 저절로 어른이 되는 줄 알았는데

안녕, 나의 아지트

아직 변하기 싫은걸

누구에겐 희소식일 수도 있겠지만, 난 어릴 적부터 봐오던 풍경이 하루아침에 사라진다니 착잡하다.

너무 쉽게 부수고 쌓아올리는 것 같아.

풍경에 깃든 기억들도 함께 소멸될 것이다.

엄마 변하기 싫어. 왜 이래~

첫째 딸은 벌써 그리워져서 오늘을 꼬옥 붙잡아본다.

이불 밖은 위험해

독립, 그거 어떻게 하는 건데

김치 담글 줄 모르는 인간

집밥의 멸종

주부라는 경제

어렸을 적 나는 여자를 무시했다.
내가 여자임에도.

특히 주부들을 보면 마음이 답답했다.

여보 오셨어요?
저녁은요?

생각없어.

어렸을 때부터 돈을 번다는 것에
권력을 느꼈기 때문에

드세요~

당시 여성의 영역으로 간주되던
집안일이 싫었디.

왜 늘 남자들이
더 주인공 같지?

전업주부의 노동을 연봉으로 환산하면
16만 달러(2.3억)라는 보고도 있다.

말 그대로 살림은
우리를 살린다.

주부는 언제나 중요했다.
너무너무.

미안해, 엄마.

습관도 똑같네 (1)

습관도 똑같네(2)

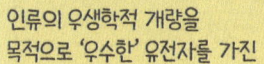

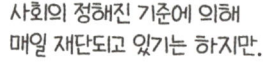

가족을 만들 수 있을까

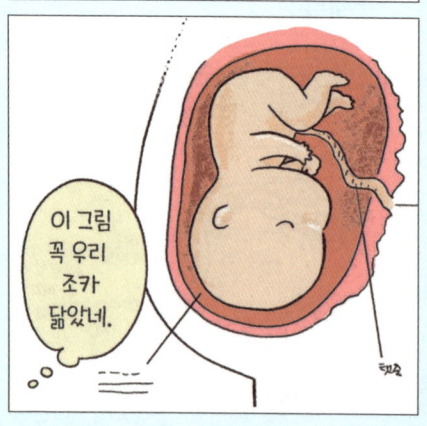

'결혼할 나이'

삶은 미션의 연속

마라탕 공동체

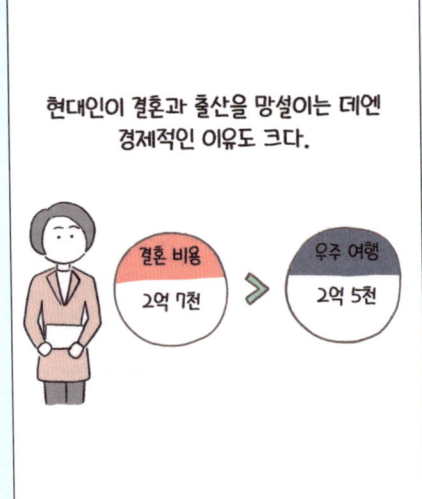

그럼에도 결심하는 마음

3부 삶은 흔들리며 나아간다

건강을 챙겨봐요

엄마가 집 비운 날

밥상만 독립

도시의 삶, 자연의 삶

쉬운 책임

우리 집은 서울. 아파트에 산다.

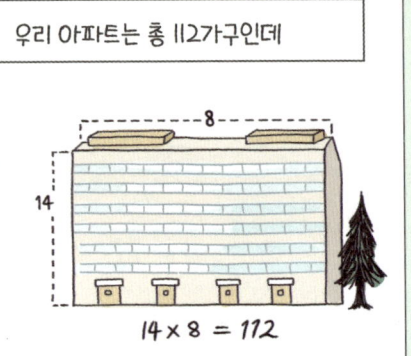

우리 아파트는 총 112가구인데

$14 \times 8 = 112$

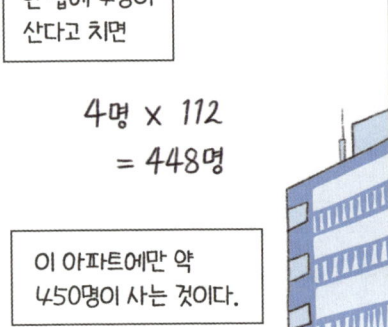

한 집에 4명이 산다고 치면

$4명 \times 112 = 448명$

이 아파트에만 약 450명이 사는 것이다.

사람이 450명쯤 되면

동시에 큰 일 보는 경우도 아마 있겠지?

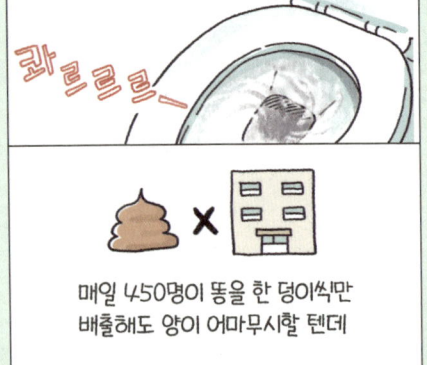

매일 450명이 똥을 한 덩이씩만 배출해도 양이 어마무시할 텐데

시스템 덕에 우리는 아무리 밀집되어 살아도 쾌적하게 사는 것처럼 느낀다.

기후위기 시대를 사는 법

도시의 얌전을 조금씩
깨부술 수 있길 바라면서 말이다.

약 40년 뒤
지구 평균기온은 3도 혹은
그 이상 오를 수 있다.
(IPCC 6차 보고서)

내가 살고 싶은 집

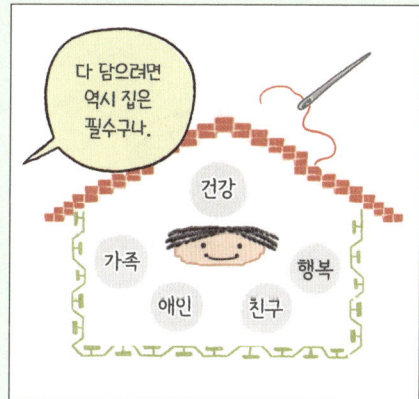

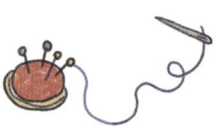

나중에 나이 들어
'그땐 그랬었지' 말하며

이렇게 서툰 나날조차 그리워지는
순간이 무사히 오기를.

내 사람들 곁에서
한 사람 몫을 해내는 날이 얼른 오기를.

나의 어린 시절 (1)

좋아하는 부분은 자꾸만 다시 펼쳐 보고
따라 그려서 닳아버렸다.

엄마가 연기하던 암탉의
알 낳는 소리가 아직도 생생하고

책 속 친구들이 만든 거대 케이크의 모양,
상상하던 케이크 냄새까지도 아직 선하다.

나의 어린 시절(2)

온실 속 화초

나의 어른 사춘기

너무 안전하고 평범해. 이런 집에서는 뭘 하든 다 어중간하겠지. 내 인생도… 계속 무의미할 거야…

만취해서 집에 들어간 그날 부모님께 헛소리를 했다.

그날 어렴풋이 비쳤던 엄마의 표정은 기억하고 싶지 않은 것 중 하나다.

저번엔 어디 갔었어?

비도 많이 왔는데

· · · · ·

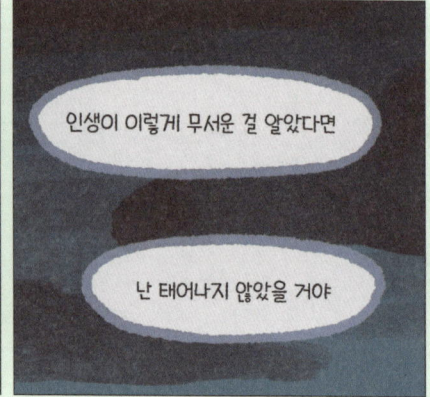
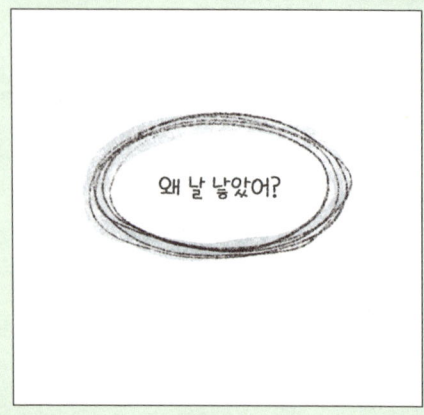

인생의 의미를 만드는 일

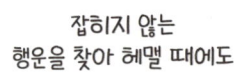

나는 이미 꽃밭에 있었던 것이다.

꾸준한 사랑이 있었기에

내 인생은 이미 '의미'로 가득 차 있었다.

늦은 사춘기의 폭풍이 지나자
수호천사들의 나이 든 얼굴이 보였다.

이제 가렴!

고마워요. 엄마 아빠.

괴로움과 좌절 뒤엔
발견하지 못한 기쁨과 감사가 가득했다.

우리가 내일 죽는다면

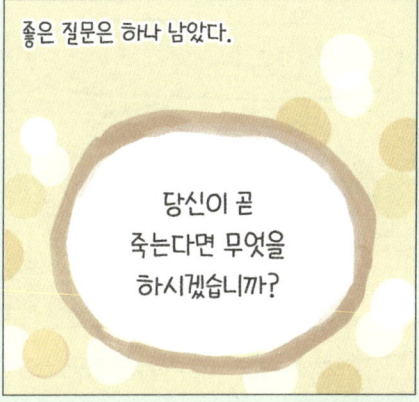

나만의 섬을 찾아서

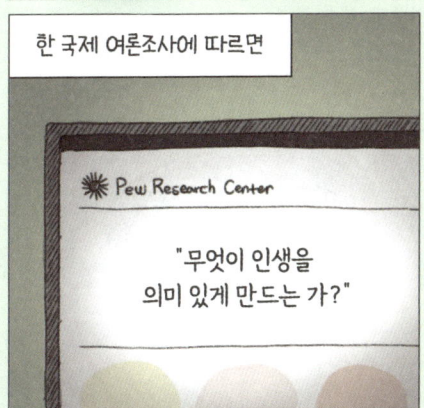

에필로그 　나라는 조각보를 쥐고

《독립하지 않아도 괜찮을까?》는 《한겨레》 신문에 연재했던 '구씨집안 이야기'라는 만화를 수정하고 새로운 오리지널 에피소드를 덧붙여 만들었습니다. 이 책에는 독립된 개체로 살 수 있을지 고민하는 30대 캥거루족인 제 이야기가 많이 담겨 있지만, 처음 신문 연재할 때 제안받았던 것은 '가족 만화'였습니다. 작가라면 꼭 한 번씩 다뤄보는 주제가 가족이지만, 전 아직 준비가 되지 않았다고 생각했습니다. 나와 타인을 두루 돌볼 수 있게 되었을 때, 마침내 '어른다운' 어른이 되었을 때, 그때쯤에나 가족이라는 큰 의미를 이해하고 이에 관해 부끄럽지 않게 말할 수 있을 것이라 생각했습니다. 하지만 신문사·출판사 관계자분들은 미숙한 지금 그대로의 모습으로 가족 이야기를 다뤄달라고 하셨습니다.

　인생의 모든 순간은 저마다 중요하지만, 특히 30대는 사회적 역할과 삶의 방향 확립에 있어서 더욱 중요한 분기점인 것 같습니다. 그래서일까요? 저 역시도 처음에는 가족 이야기로 시작했는데, 가족을 그리다 보니 세트처럼 '독립·결혼·출산'이라는 주제들이 자연스럽게 파생해 나왔습니다. 저는 만화를 그리면서 몰랐던 저의 생각을 발견하는 편인데, 이번 만화도 그랬던 것 같습니다.

'독립은 꼭 해야 하는가?' '결혼과 출산은 필수적인가?' 이 질문들에 명확한 해답은 없지만 진정한 행복을 위해서는 자립이 필수적인 듯합니다. 단순히 물리적으로 집을 나가는 것이나 경제적으로 독립하는 것이 전부가 아니라 내가 나 스스로를 행복하게 할 수 있는 힘을 가지는 것, 그게 결국 부모님께도 최대의 효도겠구나 싶습니다. (힘을 더 기르기 위해 운동 열심히 하고, 책도 많이 읽으려고요.)

인생을 어떻게 살아갈 것인가에 대한 방법론이 쏟아져 나오는 요즘입니다. 개중에는 분명 좋은 조언들도 있겠지요. 하지만 저는 그것을 한 귀로 흘려듣고, 실수를 하고, 도돌이표를 그립니다. 후회가 이어진 후 생각을 박살내고 꿰매어 붙입니다. 그 조각보를 두 팔 벌려 펼쳐봅니다. "아~ 이런 그림이었던 거구나" 하고 혼잣말을 합니다. 이번 만화 《녹립하시 않아도 팬찮을까?》 또한 저의 얼기설기한 조각보입니다. 이 꼬깃꼬깃한 고민의 조각들을 여기까지 읽어준 독자님께 어떤 의미로든 도움이 되었기를, 그리고 독자님들도 독자님들만의 개성으로 아름다운 조각보를 이어가시기를 바랍니다.

그 조각보가 돛이 되어 우리를 더 나은 미래에 데려다줄지도 모르니까요!

2025년 5월,
구희

독립하지 않아도 괜찮을까?
© 구희, 2025

초판 1쇄 인쇄 2025년 4월 22일
초판 1쇄 발행 2025년 5월 9일

지은이 구희
펴낸이 유강문
편집1팀 이연재 김진주
마케팅 김한성 조재성 박신영 김애린 오민정

펴낸곳 (주)한겨레엔 www.hanibook.co.kr
등록 2006년 1월 4일 제313-2006-00003호
주소 서울시 마포구 창전로 70 (신수동) 화수목빌딩 5층
전화 02-6383-1602~3 | **팩스** 02-6383-1610
대표메일 book@hanien.co.kr
ISBN 979-11-7213-256-9 (03810)

- 책값은 뒤표지에 있습니다.
- 파본은 구입하신 서점에서 바꾸어 드립니다.
- 이 책의 일부 또는 전부를 재사용하려면 반드시 저작권자와 (주)한겨레엔 양측의 동의를 얻어야 합니다.